Eduard Horn

Die dritte Milliarde

Zweite Studie über Frankreichs Finanzlage

Eduard Horn

Die dritte Milliarde
Zweite Studie über Frankreichs Finanzlage

ISBN/EAN: 9783743327764

Hergestellt in Europa, USA, Kanada, Australien, Japan

Cover: Foto ©ninafisch / pixelio.de

Manufactured and distributed by brebook publishing software (www.brebook.com)

Eduard Horn

Die dritte Milliarde

Die dritte Milliarde!

Zweite Studie
über
Frankreichs Finanzlage.

Von
J. E. Horn.

Res est sacra miser.
SENECA.

Deutsche Original-Ausgabe.

Pest. Wien. Leipzig.
A. Hartleben's Verlag.
1868.

<small>Alle Rechte vorbehalten.</small>

Die dritte Milliarde!

I.

Warum sollte ich's nicht eingestehen? Der Erfolg der Broschüre: „Le Bilan de l'Empire" *) hat sowohl meine Erwartung als den Werth des Schriftchens übertroffen. Ich würde die günstige Aufnahme, welche ihr in Frankreich und im Auslande von der liberalen Presse aller Schattirungen zu Theil geworden, hier gar nicht erwähnen, wenn ich meinen geehrten Collegen nicht zu herzlichem Dank verpflichtet wäre; des raschen Absatzes mehrerer Auflagen will ich gar nicht gedenken, obschon eine Schrift, die ein so specielles Thema behandelt, sehr selten einen so weiten Leserkreis findet. Ich beurtheile den Erfolg ganz besonders nach den äusserst heftigen Angriffen, die aus dem gouvernementalen Lager gekommen sind. Der sich wichtigmachende „Constitutionnel", der seine tugendhafte Entrüstung gegen die angeblichen Fälschungen des „Bilan" losliess; sein ungestümer Zwillingsbruder, der gegen den Verfasser ein Rottenfeuer persönlicher Invectiven richtete; die streitbare „Patrie", die, um einen ebenbürtigen Gegner zu haben, ein ganzes Heer gegen die „Bilanzmacher" auf die Beine brachte; alle officiösen Schreier, hinter ihnen das dichtgeschlossene Bataillon der ministe-

---

*) Frankreichs Finanzlage. Deutsche Original-Ausgabe, erschienen im März 1863 in A. Hartleben's Verlag. Pest, Wien, Leipzig.

riellen Provinz-Journale, sind gegen das „Pamphlet" zu Felde gezogen. Das Losungswort wurde mit Eifer ausgeführt; Einige gingen mit Leidenschaftlichkeit, mit schonungsloser Härte zu Werke.

Meiner Meinung nach verdiente die anspruchlose national-ökonomische Studie

„nicht diese hohe Ehre, nicht diesen schnöden Hohn."

An anderer Stelle hielt man es noch nicht für genügend.

Um die Einwirkung der Broschüre auf die öffentliche Meinung zu bekämpfen, wurde eine gründlichere und ausführlichere Antwort, als die Tagespresse zu geben vermag, für unerlässlich erachtet. Mehrere mindestens officiöse Gegen-Broschüren wurden bald nach einander angekündigt. Die Bureaux einiger Ministerien, hiess es, sollten sich verbündet oder verabredet haben, um eine Streitschrift zu verfassen; ein Präfect des Südens habe an derselben mitgearbeitet; hohe Inspirationen seien den eifrigen Fürsprechern in reicher Fülle zu Theil geworden. Ob alle diese Bestrebungen und Vorarbeiten in der „Réponse au pamphlet de M. Horn"*), die mit der Unterschrift des Herrn August Vitu soeben erschienen ist, endgiltig zusammen geschmolzen worden sind? Man behauptet es und viele Gründe sprechen dafür.

Auf jeden Fall ist es eine officiöse Arbeit vom reinsten Wasser. Der Redacteur en chef des Abendblattes, welches die Inspirationen aus dem Staatsministerium erhält und welchem die Präfectur des Seine-Departements die gerichtlichen Bekanntmachungen zuwendet, ist vollkommen geeignet, die Gedanken der Regierung in officiöser Weise unter die Leute zu bringen. Ueberdies

---

*) Der Haupttitel ist: „Les Finances de l'Empire."

haben seine Beweisgründe, seine Zahlen und Berichtigungen eine überraschende Aehnlichkeit mit der Antwort, die Herr Rouher selbst auf die im gesetzgebenden Körper von Herrn Pouyer-Quertier *) formulirte Kritik der Finanzzustände gegeben hat. Der Herr Staatsminister macht übrigens den Deputirten von Rouen keineswegs verantwortlich für den in seiner Rede ausgesprochenen Tadel, er schiebt die Schuld auf „schlechte Lectüre", insbesondere auf die „Broschüre". Es ist leicht zu errathen, welche damit gemeint ist. Sie ist und bleibt die Wurzel alles Frevels. Die gouvernementalen Blätter ergreifen auch mit grossem Eifer die ihnen von der „Réponse" **) dargebotene Gelegenheit, um wiederum mit aller Gewalt über „Bilan" und „bilanier" herzufallen. Es versteht sich, dass diese Angriffe übervoll sind von Lobpreisungen der besten Finanzlage, um welche Europa das glücklichste aller Reiche beneidet.

II.

Gern will ich den bei der Abfassung der „Antwort auf das Pamphlet des Herrn Horn" bethätigten Eifer und Fleiss anerkennen. Berge von Zahlen sind darin aufgethürmt, um dem Tadel, der im Publicum, in der Presse, in den Kammern über die Verwendung der öffentlichen Gelder und über die Finanzlage des Landes ausgesprochen wird, ein Grab zu bereiten; der in die Augen der Steuerpflichtigen zu streuende Goldstaub findet

---

*) Sitzung vom 15. Mai 1868; die Replik ist vom 19. Mai.
**) Der „Moniteur universel" hat (in der Nummer v. 23. Mai) die Broschüre des Herrn Vitu abgedruckt und somit beinahe officiell gemacht; der kleine „Moniteur" hat sie seinen zweihunderttausend Abonnenten — ich sage nicht Lesern — acht Tage hindurch Stück für Stück aufgetischt.

sich in reicher Fülle in den officiellen und officiösen Repliken. Erreichen aber diese staunenswerthen Arbeiten und Kunstgriffe den Zweck? Ist es ihnen gelungen, die Prämissen und Folgerungen der „Finanzlage Frankreichs" und anderer unlängst erschienener Schriften über denselben Gegenstand zu widerlegen und zu entkräften? Hat man bewiesen, dass Frankreich nicht mit Abgaben überbürdet ist; dass seine Hilfsquellen nicht erschöpft sind; dass die Opfer, welche das Land gebracht hat und noch bringt, nicht seine Kräfte und die erzielten Resultate übersteigen; dass die Gegenwart nicht voll von Verlegenheiten und die Zukunft nicht gefahrdrohend ist?

Auf alle diese Fragen ist leider nur eine einzige Antwort möglich: das unbedingte Nein. Die folgenden Ausführungen werden es beweisen.

Es soll damit nicht gesagt sein, dass aus der Broschüre des Herrn Vitu, mit Allem, was daran hängt, nichts zu lernen sei. Mir hat sie einen neuen Beweis des grossen Nutzens der Controle geliefert. Die gegen das „Pamphlet" gerichteten zahllosen Angriffe haben mich bewogen, die Zahlen, die Beweisführungen, die Folgerungen nochmals zu prüfen; diese Prüfung hat Früchte getragen. Ich habe erkannt, und ich gestehe es aufrichtig, dass in „Frankreichs Finanzlage" nicht Alles auf vollkommene Genauigkeit Anspruch machen kann. Um mich nicht dem Verdachte der Verdrehungen und Uebertreibungen auszusetzen, hatte ich unsichere Daten als wahr gelten lassen; um selbst den Schein einseitiger Parteinahme und Schwarzseherei zu vermeiden, hatte ich manche Folgerungen gemildert. Ich habe Unrecht gehabt, ich gestehe es.

Ja, ich bekenne es aufrichtig: die öffentlichen Ausgaben sind grösser, die Lasten der Steuerpflichtigen drückender, der verderbliche Einfluss beider auf die politische Lage, auf den Wohlstand, auf die geistige Entwickelung Frankreichs ist tiefer eingreifend, die sociale Gefahr ist drohender, die Reform ist dringender, als „Frankreichs Finanzlage" ahnen liess und als man gemeiniglich glaubt.

III.

Ich sagte: die sociale Gefahr, und ich halte den Ausdruck aufrecht. Die officiellen und officiösen Schutzredner verkennen die Tragweite des Problems, selbst die Natur desselben, wenn sie darin nur die reine Budgetfrage, im arithmetischen Sinne des Wortes, sehen oder zeigen.

Man öffne nur die Augen und sehe diese Sisyphusarbeit an, in welcher sich ganze Classen erschöpfen! Glaubt man denn, die Kraft der letzteren habe keine Grenzen? Millionen Arbeiter in Frankreich, Hunderttausende in Paris allein, streben seit zehn, fünfzehn Jahren vergebens nach einer wirklichen Verbesserung ihrer materiellen Verhältnisse. Wir sind nicht mehr in der Epoche der auf hartnäckigen Widerstand stossenden unvernünftigen Anforderungen und, Dank den Fortschritten in der Erkenntniss der Grundsätze einer gesunden Volkswirthschaft, sind manche Arbeitgeber bereit, Zugeständnisse zu machen, und die Arbeiter haben doch wol nicht die Absicht, sie zu Grunde zu richten. Der gegenseitige gute Wille führt jedoch nicht zur Verständigung, gibt keine Friedensbürgschaft; es ist kaum ein Waffenstillstand. Nachdem der Arbeitgeber zugestanden, was er er nach seiner Ansicht zugestehen konnte, sieht er neue Forderungen an sich herantreten; der Arbeiter, der Alles, oder fast Alles erlangt hat, was er gefordert, kann von der nächsten Zukunft nichts Anderes erwarten, als die frühere Unzulänglichkeit des Erwerbes, die vorige Noth, den alten Kampf um's Dasein.

Die Erklärung liegt nahe: die Zugeständnisse des Capitals werden durch die von den verschiedenen öffentlichen Budgets in Anspruch genommenen Summen beschränkt; die Erträgnisse der Arbeit werden durch die vielfältigen Anforderungen des Fiscus beträchtlich geschmälert.

Richten wir unseren Blick nur auf Paris. Die allgemeine Concurrenz, welche heutzutage das Gesetz der Industrie ist, zwingt zu möglichst wohlfeiler Erzeugung; werden die Fabriken, denen der Fiscus unter verschiedenen Formen hunderttausend, zweihunderttausend Francs und noch mehr abnimmt, nicht in die traurige Nothwendigkeit gesetzt, sich an den übrigen Factoren des Erzeugungspreises schadlos zu halten? Der Lohn ist trotzdem erhöht worden; der Arbeiter bekommt vielleicht noch einmal so viel, als er vor fünfzehn oder zwanzig Jahren verdiente. Man hat jedoch nicht Ursache, sich dessen zu rühmen, oder zu freuen. Wenn Wohnung und Werkstatt schon im Baumaterial, in den Steinen und Ziegeln, im Eisen und Holz im Voraus besteuert werden; wenn der Arbeiter kein Glas Landwein trinken kann, ohne dem Fiscus zum allermindesten das Aequivalent des Erzeugungspreises zu zahlen; wenn er weder einen Sack Mehl, ein Pfund Fleisch oder Fisch kaufen, noch den Ofen heizen, eine Kerze oder Lampe anzünden, weder einen Vertrag unterzeichnen, noch einen Schuldtitel in Empfang nehmen kann, ohne dass der Fiscus die Hand ausstreckt; mit einem Worte, wenn der Arbeiter weder erzeugen noch verzehren, weder Geld verdienen noch Geld ausgeben kann, ohne Abgaben zu bezahlen und in immer steigendem Masse ausgebeutet zu werden: wie kann ihm die nominelle Erhöhung seines Lohnes wirklich zugute kommen und ihm den bescheidenen Wohlstand gewähren, nach welchem er mit vollem Rechte strebt?

So drehen sich Arbeitgeber und Arbeiter, Capital und Arbeit in einem fehlerhaften Kreise; das Verhängniss bannt sie in demselben fest, auf die Gefahr hin, sie sich gegenseitig zerfleischen zu sehen, wie einst die wilden Thiere in der Arena. Zum Glück mässigt man sich auf beiden Seiten. Die Einsichtsvollsten in beiden Lagern wissen es und die grosse Mehrheit beginnt es zu ahnen: die wahre Ursache der Verwickelungen liegt ausser der Macht der Betheiligten, welche mehr die Opfer, als die Urheber dieser bedenklichen Zustände sind. Leider sind guter Wille und Intelligenz nicht immer genügend, um dem Druck der Interessen, zumal jener, die durch wirkliche Bedürfnisse aufgestachelt werden, das Gleichgewicht zu halten. Wer ahnt nicht, wie gefahrdrohend eine so gespannte Situation ist?

IV.

Und man gibt sich dem Wahn hin, solche Gefahren könnten durch Anhäufung gefügiger Zahlen beschworen werden? Man glaubt, die Gefahr werde beseitigt, wenn bezahlte oder unverständige Lobhudeleien die warnenden Stimmen überschreien?

Nur durch eine gründliche Reform des gegenwärtigen Systems, insbesondere durch eine beträchtliche Verminderung der öffentlichen Ausgaben und Lasten, kann die immer drohender werdende Gefahr beseitigt werden. Die Erleichterung ist um so nothwendiger und dringender, als bei den an die Gesammtheit der Staatsbürger gestellten dauernden Anforderungen des Budgets auch die Eigenthümlichkeiten und überwiegenden Bestrebungen der

Nation in Betracht gezogen werden müssen. Die Steuerkraft des französischen Volkes ist minder elastisch, als jene einiger anderen grossen Völker, weil die Fähigkeit des Erwerbens bei ihm eng begrenzt ist.

Der Franzose besitzt nicht die frühreife, rastlose Thätigkeit, die den Yankee anspornt, schon im Jünglingsalter sich den Geschäften zu widmen und Geld zu machen. Er hat auch nicht die Zähigkeit John Bull's, der bis an den Rand des Grabes arbeitet, Werthe schafft und spart. Jacques Bonhomme fängt später an (die Jugend muss austoben) und setzt sich früher zur Ruhe; sich von den Geschäften zurückziehen und als Rentier leben ist sein Wonnetraum, das höchste Ziel seiner Bestrebungen. Sein Nationalgetränk ist weder der Whiskey, der die Kräfte und „Geister" des Amerikaners überreizt, noch das pale Ale, das den Engländer so zäh und ausdauernd macht; er trinkt den edlen Wein, der auf seinen Hügeln wächst, der das Leben erheitert und ebenso sehr zum Genuss, wie zur Arbeit einladet.

Ist es ein Fehler? Oder ist es ein Vorzug? Bringt uns dieser Unterschied dem Engländer, dem Amerikaner gegenüber in Vortheil oder in Nachtheil? Ich weiss es nicht. Ich will es jetzt nicht untersuchen. Ich constatire eine Thatsache, und aus dieser Thatsache ergibt sich, dass eine bestimmte Abgabe, z. B. jährlich hundert Francs, auf der französischen Bevölkerung schwerer lastet, als auf der englischen oder amerikanischen Bevölkerung, vielleicht sogar schwerer als auf den Deutschen oder Italienern, die sich leichter zu Entbehrungen bequemen.

Wir wollen nicht zu viel verlangen. Man würde uns dies zum Vorwurf machen können, wenn wir für das französische Budget die Herabsetzung unter den ordentlichen mässigen Stand forderten; wir sind bescheidener.

V.

Das demokratische Frankreich verlangt nur, dass man aufhöre, die öffentlichen Ausgaben fortwährend zu erhöhen; dass die vom Budget in Anspruch genommenen Abgaben mit der Steuerkraft in richtigem Verhältnisse stehen; dass die Steuern nach dem Willen, unter der Mitwirkung und Controle der Steuerzahler verwendet werden; dies ist das einzige Mittel, die nützliche, fruchtbringende Verwendung der öffentlichen Gelder zu sichern. Das Streben des Kaiserreichs geht leider diesen berechtigten Forderungen schnurstracks entgegen, und dies ist von der Opposition und der demokratischen Presse seit Jahren unaufhörlich verkündigt, und auch in „Frankreichs Finanzlage" stark betont worden. Was antworten nun die officiellen Vertheidiger in den Broschüren, in den Zeitungen, auf der parlamentarischen Rednerbühne?

Sie stellen folgende Behauptungen auf:

1. **Die Staatsausgaben sind nicht so beträchtlich, wie man sagt, man nimmt Alles in Bausch und Bogen, ohne zwischen den wirklichen und den scheinbaren Lasten zu unterscheiden.**

2. **Die Mittel und Wege werden von den Steuerzahlern nicht verlangt; selbst die effectiven Ausgaben haben daher keine gänzlich gleichgeltende Last für das Land zur Folge.**

3. **Die Lasten werden jedenfalls durch gegenseitige Vortheile reichlich ausgeglichen; wenn das Kaiserreich vielleicht viel kostet, so trägt es auch viel ein: an Ruhm, Wohlstand und Fortschritt.**

Ich glaube, die Ausführungen der blinden Vertheidiger grosser und fortwährend anschwellender Budgets richtig zusammengefasst zu haben. In einer Angelegenheit, welche von so hoher praktischer Bedeutung ist, können aber blosse Behauptungen nicht genügen. Es handelt sich um die Beweisführung.

VI.

Die Officiösen halten sich aus guten Gründen hauptsächlich an den ersten Satz; er ist ja der wichtigste. Unsere Zahlen waren gleichwohl sämmtlich aus officiellen Documenten genommen. Was war da zu thun? Man verwirft das Zeugniss der letzteren und sagt: „sie sind nicht im strengsten Sinne des Wortes wahr; das nur scheinbar Vorhandene ist in denselben mit dem Wirklichen vermengt." Und man nimmt eine hochgelahrte Miene an, um uns zu verkünden, dass das „vervollkommnete Rechnungswesen" nicht allein die effectiven Ein- und Ausgänge einregistrire, sondern auch „jede Bewegung in den Einnahmen und Ausgaben" anführe, und dadurch würden die Gesammtsummen grösser. Aber wer könnte unwissend oder einfältig genug sein, um z. B. zwischen den **Operationen** der Bank von Frankreich *) und ihrer **Fondsbewegung** nicht zu unterscheiden? Ebenso unmöglich ist die Verwirrung im Staats-Rechnungswesen. Im Jahre 1866, das Hr. Vitu als Beispiel nimmt und mit besonderer Sorgfalt studirt, hat die „Cassenbewegung" im Staatsschatze die ungeheure Summe von achtundzwanzig Milliarden **) erreicht. Wer spricht davon? Man hat immer

---

*) Für Paris allein betrugen im Jahre 1867 die Operationen 2 Milliarden 870 Millionen, die Fondsbewegung dagegen belief sich auf 32 Milliarden 694 Millionen Francs.

**) Einnahmen 13,918.655,430 Frs.; Ausgaben 13,762.34.870 Frs.

nur die 2 Milliarden 200 Millionen der mit dem Budget
zusammenhängenden „Operationen" besprochen. Und ich habe die Bewegungen im Staatsrechnungs-
wesen nicht nur nicht mit den im Bereiche des Budgets
ausgeführten Operationen zusammengeworfen, ich habe
sogar wirkliche, unbestreitbare Ausgaben ausgeschieden,
einzig und allein, weil sie durch „wechselseitig bedingte"
Einnahmen gedeckt sind. Ich meine das Capitel der
„Einnahmen und Ausgaben der ordnungsmässig mit dem
Budget verbundenen speciellen Dienste", die Consulats-
kanzleien, die Münze, die Dotation der Armee, die Ehren-
legion u. a. m. Die hundertfünf Millionen fünfhunderttausend Francs, welche diese sogenannten ordnungsmässigen Ausgaben im Jahre 1856 in Anspruch nahmen,
waren in den 2 Milliarden 200 Millionen Ausgaben des
Jahres 1866 keineswegs inbegriffen; ebenso wenig wie
die hundert Millionen ordnungsmässiger Ausgaben, welche
zu dem für 1869 veranschlagten Budget gehören, in den
2 Milliarden 271 Millionen der für dieses Finanzjahr in
Aussicht gestellten Ausgaben inbegriffen sind. Die flüch-
tigste Durchsicht der Schriftstücke genügt, um Jeder-
mann, der die vier Species der Rechenkunst weiss, davon
zu überzeugen. Und Herr Vitu weiss nicht, was er von
unserer „so kecken Behauptung", dass die sogenannten
ordnungsmässigen Ausgaben nicht in die Zahlenreihe und
Berechnungen der Finanzlage Frankreichs aufgenommen
worden, denken soll! Er will durchaus die „ordnungsmässigen Ausgaben eingetragen" haben. Ist es eine ab-
sichtliche Fälschung? Sie wäre sehr stark von Seiten
des Censors, der sich herausnimmt, die angeblichen Ent-
stellungen und arithmetischen Fälschungen Anderer „an
den Pranger stellen" zu wollen! Ist es Unkenntniss? Aber
wenn man sich zum Ober-Controlor aufwirft, darf

man nicht unwissender sein, als der unterste Finanz-Beamte.

Die officiöse Polemik bürdet also dem Gegner nicht nur Albernheiten auf, deren er nicht fähig ist, sondern beschuldigt ihn sogar absichtlicher Fälschungen, welche sie selbst verübt. Dieses Verfahren mag recht bequem sein, aber es ist sicherlich unwürdig und ungeschickt.

VII.

Im Grunde könnte ich's dabei bewenden lassen. Diese beiden Beispiele genügen, um die „Art" unserer Censoren und Splitterrichter zu charakterisiren und das Publicum in den Stand zu setzen, sich über die Tragweite ihrer Berechnungen und den Grad des Vertrauens, welches ihre Behauptungen verdienen, ein unbefangenes Urtheil zu bilden. Doch ich verzichte auf diese gewiss wohl motivirte Berufung an die öffentliche Meinung, die den Kläger gewiss abweisen würde. Es handelt sich um eine Frage von der grössten Wichtigkeit; jede Zweideutigkeit muss der Klarheit und Entschiedenheit weichen. Das Land muss wissen, woran es ist.

Man behauptet: „Die Ausgaben, welche auf ein- und dreissig Milliarden für die Periode von 1852 bis 1866, oder auf einen jährlichen Durchschnittsbetrag von 2,200 Millionen für die fünfjährige Periode von 1862 bis 1866 angesetzt werden, seien in der Wirklichkeit nicht so gross; man müsse an den Budgetrechnungen Abzüge für bloss scheinbare, nominelle Ausgaben machen." Gesagt, gethan. Mit einem einzigen Federstrich „vermindert" Herr Vitu die für das Jahr 1867 aufgeführten Ausgaben von 2 Milliarden 242 Millionen um 415 Millionen; dann geht er auf das Allgemeine über. Mit welchem Rechte werden diese Abzüge gemacht?

Ich will nicht Alles Stück für Stück zählen und berechnen. Fünf Posten von geringer Bedeutung machen kaum den zehnten Theil der in Anspruch genommenen „Abzüge" aus. Herr Vitu häuft in denselben Alles auf, was im Budget mehr oder weniger als Ersatz oder Rückstand gilt und sagt: „man könne die Regierung nicht verantwortlich machen für Summen, welche sie nicht bezieht, oder welche sie zurückzahlen muss". Schade, dass Herr Vitu sich nicht die Mühe genommen, die von ihm so oft angerufenen Documente zu lesen! Er würde gesehen haben, dass auch hier der Schein trügt. So die siebenunddreissig Millionen „Ersatz und Rückstände", welche die Officiösen mit einem einzigen Federstrich als eine bloss „scheinbare" Ausgabe ausscheiden wollen. Diese Summe umfasst Subventionen für Vicinalwege, Ausfuhr-Prämien, die Vertheilung von Geldstrafen, Pfändungen und Confiscationen. Diese Gelder hat der Staat wirklich „eingenommen" und schwerlich „zurückgezahlt"; er hat sie aus verschiedenen Taschen genommen und für den Staatsdienst verwendet. Ist da ein vernünftiger Grund, ja nur ein Vorwand für den so eilig vorgenommenen „Abzug"?

Weitaus beträchtlicher, ja der stärkste unter allen ist der „Abzug" der zweihundert fünfzig Millionen, die der Staatsschatz den Departements- und Gemeinde-Cassen im Jahre 1866 zugewendet hat und durchschnittlich jedes Jahr zuwendet. Es ist das Paradepferd, welches die Schutzredner des Budgets mit Vorliebe reiten. Diese 250 Millionen, behaupten sie, können nicht als eine Belastung des Budgets angesehen werden, denn der Staat gibt sie a nicht direct aus und folglich sind sie abzuziehen von seinem „Soll", das sie nominell anschwellen. Was ist von dieser Behauptung zu halten?

Unsere Gegner sehen den Kern der uns beschäftigenden Frage nicht, oder wollen ihn nicht sehen. Um was handelt es sich, wenn man ohne Nebenabsicht und gewissenhaft die Staatsausgaben discutirt? Ich muss vor Allem den Betrag kennen, der von meinem Einkommen oder von meinem Capital im Voraus gemacht wird, um von Anderen und für Zwecke, die meinen persönlichen Bedürfnissen fremd sind, ausgegeben zu werden. Wenn ich im Schweisse meines Angesichts zwölfhundert Francs verdient habe, die kaum genügen würden, mich und meine Familie zu ernähren, so ist die allerwichtigste Frage: wieviel wird zu meiner Verfügung bleiben? wieviel wird davon abgezogen und von dritten Personen zu Zwecken, die meinen persönlichen Bedürfnissen fremd sind, mich daher nicht zur Arbeit antreiben, ausgegeben werden? Ich werde vielleicht sehr gern geben, wenn man nur fünfzig Francs von mir verlangt; ich werde murren, wenn man eine Abgabe von hundertfünfzig Francs fordert; ich werde den Fiscus für ausserordentlich „gierig" halten, wenn er mir dreihundert Francs nimmt. Ob aber diese dreihundert Francs von den Agenten des Staates, von Departements- oder Gemeindebeamten ausgegeben werden, ist für den Augenblick ziemlich gleichgiltig; wir werden auf die Verwendung der öffentlichen Gelder zurückkommen; sie ist im heutigen Frankreich sicherlich nicht derart, dass die über die ungemeine Erhöhung und beständige Zunahme der öffentlichen Abgaben nachdenkende Bevölkerung so leicht damit einverstanden sein sollte.

Was bedeutet nun der „Abzug" der zweihundert fünfzig Millionen sogenannter specieller Ausgaben? Diese Ausgabe ist doch wahrlich nicht scheinbar oder eingebildet! Es ist wirklich eine von dem jährlichen Einkommen der Bevölkerung genommene und für den öffentlichen Dienst ausgegebene Viertel-Milliarde; es ist ein

Ausgabeposten, der alle Merkmale einer Abgabe, einer Steuer hat. Dieser fügsame „Abzug" wird nimmer bewirken, dass die 250 Millionen in den Taschen der Steuerzahler bleiben oder in dieselben zurückfliessen. Oder handelt es sich nur um Quittirungen auf dem Papier, um „buchhalterische Witze", wie das Handelsgericht des Seine-Departements sagt? Man denke darüber, wie man will, wir wollen darüber hinweggehen.

Der einzige scheinbar triftige Beweis, mit welchem uns Herr Vitu entgegentritt, ist: man müsse dann „die Gesammtheit der neunundachtzig Departements-Budgets, deren Betrag ebenfalls aus den Steuern komme," in den Rechnungen aufführen. Das muss man allerdings, um die Steuerlast, welche die verschiedenen Zweige des öffentlichen Dienstes dem französischen Volke aufbürden, genau kennen zu lernen, um zu wissen, wie viel ihm von dem Ertrage seiner Arbeit, von seinen mühsam erworbenen Ersparnissen entzogen wird. Ich habe es in „Frankreichs Finanzlage" deutlich ausgesprochen. Ich habe die Summen nicht zusammengerechnet, weil ich nur aus genauen, jährlich veröffentlichten Rechnungsabschlüssen schöpfen wollte. Die officiellen Rechnungs-Abschlüsse über die communalen Finanzen finden aber nur in langen Zeitabschnitten statt. Der letzte Abschluss ist vom Jahre 1862; seit 1836 hatte keiner stattgefunden.

VIII.

Man fordert mich auf, Fehlendes zu ergänzen; ich bin bereit dazu. Wir halten uns, in Ermangelung späterer Ausweise an den Rechnungsabschluss des Jahres 1862*). Die ordentlichen Ausgaben der Gemeinden sind in dem-

---

*) Bericht an den Kaiser, im „Moniteur" vom 8. Juli 1865.

selben auf 257 Millionen, die ausserordentlichen auf etwas mehr als 193 Millionen Francs *) angesetzt; zusammen also 450.² Millionen. Diese Totalsumme bezieht sich nicht auf die im Jahre 1859 annectirten drei Departements; nach dem Verhältnisse der Einwohnerzahl sind noch zehn Millionen Francs hinzuzurechnen. Auch die Ausgaben der Stadt Paris sind nicht inbegriffen; sie haben im Jahre 1862 mehr als hundert fünf und sechzig Millionen betragen. Die Gesammtsumme beläuft sich somit auf sechshundert fünfzehn Millionen für das Jahr 1862. Um nun für das Jahr 1868 die Ausgabesumme zu ermitteln, ist auch die inzwischen eingetretene unleugbare Zunahme der Communalausgaben in Betracht zu ziehen. Wir wollen, wie naiv es auch scheinen mag, annehmen, dass die Zunahme verhältnissmässig nicht grösser geworden sei, als in dem Zeitraume, der die beiden officiellen Rechnungsabschlüsse trennte. Von 1836 bis 1862, in sechs und zwanzig Jahren, hatten die Communal-Ausgaben um 285 Procent zugenommen**). Das gibt für sechs Jahre (1862—1868) eine neue Zunahme von sechsundsechzig Procent. Es ist demnach eine Summe von 405 Millionen zu den 615 Millionen hinzuzurechnen, welche die Communal-Ausgaben im Jahre 1862 in Anspruch genommen haben.

Wer addiren kann, findet sofort die hübsche Totalsumme von einer Milliarde und zwanzig Millionen jährlich. Es ist hier, wohlverstanden, nur von den Geldausgaben

---

*) Genau: 256.954,494, beziehungsweise 193.253,420.
**) Die officiellen Zahlen sind:

Paris	42.062,049 Frcs.	165.610,393 Frcs.
Andere Gemeinden	117.793,130 Frcs.	450.238,368 Frcs.
Zusammen	159.855,179 Frcs.	615.848,761 Frcs.

Also eine Zunahme von 455.993,582 Frcs. oder 235%.

die Rede; andere Leistungen und Lasten können hier nicht in Betracht kommen, weil sie nicht genau in Ziffern auszudrücken sind. Andererseits aber sind die Departements-Ausgaben hinzuzurechnen. Von 1845 bis 1856 waren sie von 90.⁶ Millionen auf 110.³ Millionen gestiegen, obgleich in der Zwischenzeit etwa zehn Millionen aus dem Departements-Budget (namentlich die Kosten für Gefängnisse) gestrichen, und in das allgemeine Budget aufgenommen wurden. Wir sehen also in elf Jahren eine Zunahme von dreiunddreissig Procent*). Wir wollen annehmen, dass die Zunahme in der folgenden zwölfjährigen Periode nicht grösser gewesen sei; es sind also sechsunddreissig Procent oder vierzig Millionen Francs zu der im Jahre 1856 erreichten Summe hinzurechnen. Die Departements-Ausgaben belaufen sich somit für 1868 auf mindestens hundert fünfzig Millionen Francs. Man wird die Berechnung sehr mässig finden, wenn man weiss, dass das Seine-Departement allein, ungeachtet der ihm in so reichem Masse zugute kommenden gewaltigen Budgets des Staats und der Stadt Paris, jährlich mehr als zwanzig Millionen Francs ausgegeben hat.

Die Departements- und Communal-Ausgaben, die durch das vom Staat gegebene Beispiel, sowie durch den von der Stadt Paris und vom Seine-Departement ausgehenden Impuls so ungeheuer erhöht worden sind und noch immer erhöht werden, bürden somit der französischen Bevölkerung eine jährliche Last von tausend einhundert und siebzig Millionen Francs auf. Rechnen wir davon die zweihundert fünfzig Millionen ab, die bereits in den Staatsausgaben figurirt haben, denn der Staat cassirt sie für die Departements und Gemeinden ein, und zahlt sie

---

*) Block, Statistique de la France, I, 462.

denselben aus; oder rechnen wir sie, wie Hr. Vitu will, von den zwei Milliarden zweihundert zweiundvierzig Millionen des allgemeinen Budgets ab, um sie in die Departements- und Gemeindebudgets zu setzen. Das Resultat bleibt sich gleich. Im ersten Falle haben: 1,992 + 1,170 Millionen, im andern: 2,242 + 920 Millionen; es ist immer eine jährliche Belastung von mehr als **drei Milliarden hundert und sechzig Millionen**, welche der französischen Bevölkerung aufgebürdet ist. Diese enorme Belastung verdankt sie zumal den übermässigen Ausgaben des Staats für Kriegszwecke und der unsinnigen Uebertreibung der für den Staat, die Departements und die Gemeinden ganz unnützen Arbeiten; sie verdankt sie — und da steckt der Knoten — dem mehr oder minder persönlichen Regime, welches alle öffentlichen Angelegenheiten an sich gerissen hat, und welches diese tolle Wirthschaft nur dadurch möglich macht, dass über das Geld der Steuerpflichtigen ohne ihre Zustimmung verfügt wird.

Fürwahr, Hr. Rouher und Hr. Vitu haben vollkommen Recht, wenn sie sagen, die Zahlen der „Finanzlage Frankreichs" seien nicht richtig. Wir haben uns um die Hälfte geirrt, als wir die jährlichen Ausgaben für 1852—1866 nur auf zwei Milliarden und siebzig Millionen, oder für die fünfjährige Periode von 1862 bis 1866 nur auf zwei Milliarden und zweihundert Millionen Francs berechneten. Wir bitten das Land um Verzeihung, dass wir eine unrichtige Rechnung seiner öffentlichen Lasten aufgestellt; die Regierung aber möge uns verzeihen, dass wir sie nicht so „theuer," wie sie wirklich ist, gefunden haben.

IX.

Ich glaube noch nicht einmal Alles aufgezählt zu haben; es wird wol noch ein hübsches Sümmchen hinzuzunehmen sein. Wir werden darauf zurückkommen (§. XII). Für den Augenblick wollen wir bei der schon ganz respectablen Zahl von drei Milliarden hundertsechzig Millionen stehen bleiben. Ist es wirklich noch der Mühe werth, mit Herrn Rouher und Herrn Vitu über den von ihnen in Anspruch genommenen letzten „Abzug", der sich für 1866 auf hundertsiebenundzwanzig Millionen belaufen würde, zu rechten? Es handelt sich um die Dotation der Staatsschuldentilgung. Sie ist, sagt man, rein nominell; das Kaiserreich tilgt keine Schuld. Zugegeben; die jährliche Ausgabe würde dann auf drei Milliarden dreiunddreissig Millionen vermindert; für die ganze Periode von 1852 bis 1866, wo der für diesen Posten in Anspruch genommene „Abzug" eine Milliarde siebenhundertfünfundsiebzig Millionen betragen würde, müssten die sämmtlichen öffentlichen Ausgaben auf die runde Zahl von fünfundvierzig Milliarden sinken. Es ist immer noch eine schreckenerregende Ziffer; sie ist um die Hälfte grösser, als die in „Frankreichs Finanzlage" angesetzte Totalsumme Wir erlauben uns gleichwol eine Bemerkung über diesen von unseren Gegnern mit so grosser Vorliebe behandelten Posten.

Das Gesetz vom 10. Juni 1833 und alle seitdem votirten Anleihegesetze legten dem Staate die Verpflichtung gegen sich selbst und seinen Gläubigern gegenüber die Verbindlichkeit auf, alljährlich zur Tilgung seiner Schulden eine Summe zu verwenden, welche einem Procent ihres Betrages gleichkommt. Sind die zur Erfüllung dieser heiligen Pflicht erforderlichen Summen bewilligt worden? Ja; dieser Posten figurirte jedes Jahr an der Spitze des Budgets als eine der allerersten Verbindlichkeiten des Staates. Hat man aber diese bewilligten Gelder der vorgeschriebenen Bestimmung zugeführt? Nein in fünfzehn Jahren hat man der Schuldentilgung nur vierundfünfzig Millionen gewidmet, dagegen ist eine Summe von einer Milliarde siebenhundertfünfundsiebzig Millionen Francs, die in diese Rubrik gehört, von den laufenden Ausgaben des Budgets, ordentlichen und ausserordentlichen, verschlungen worden. Man möge ein solches Verfahren immerhin mit der dringenden Noth, mit dem vorhandenen und immer wiederkehrenden unabweisslichen Bedürfniss entschuldigen, ich würde es begreiflich finden; dass man sich dessen aber rühmt und es als eine den Betheiligten verschaffte Ersparniss, für welche sie sich noch schönstens zu bedanken haben, preist — das geht über meinen Horizont!

Ein Vormund findet in dem Erbtheil, das er zu verwalten hat, eine Schuld von hunderttausend Francs, die durch zehn Annuitäten zu tilgen ist; die Einkünfte gestatten diese Tilgung, ein Theil derselben ist durch testamentarische Verfügung sogar für diese Tilgung bestimmt worden. Die zehn Jahre verstreichen. Die Zeit der Rechnungsablage ist gekommen; das Erbtheil ist, ausser der alten Schuld, noch mit zweihunderttausend Francs Hypotheken belastet. Der Vormund sagt mit würdevoller, selbstgefälliger Haltung zu seinem Mündel: „Sieh nur, mein junger Freund, mit welcher Sparsamkeit ich dein Vermögen verwaltet habe! Dein Vater verschleuderte jährlich zehntausend Francs, um seine Schulden zu tilgen; ich hingegen habe in diesen zehn Jahren keinen Groschen zu diesem Zwecke für dich ausgegeben. Du bist freilich die hunderttausend Francs, die jetzt getilgt sein könnten, immer noch schuldig; deine Einkünfte sind freilich gänzlich daraufgegangen und überdies lastet auf deinem unbeweglichen Eigenthume eine Hypothek von zweihunderttausend Francs; allein du musst bedenken, dass du in zehn Jahren keinen Heller für Schuldentilgung ausgegeben hast. Und dies hast du mir zu verdanken!" Aller Wahrscheinlichkeit nach wird der Mündel nicht von dankbarer Bewunderung für den Vormund durchdrungen sein.

Wenn der Mündel Jacques Bonhomme heisst und es sich um Hunderte so „ersparter" Millionen handelt, so muthet man ihm zu, dass er dem Vormund Bürgerkronen flechte und ihm den grossen Preis in der National-Oekonomie zuerkenne.

X.

Es ist übrigens möglich, sich zu verständigen, das Schwankende festzustellen. Die scheinbare Ausgabe für Amortisation, sagt man, habe die von „Frankreichs Finanzlage" zusammengestellten Budgets ungebührlich vergrössert. Heute ist diese Ursache einer unrichtigen Darstellung nicht mehr vorhanden. Das Gesetz vom 10. Juni 1833, welches die grossen und immer zunehmenden, für die Schuldentilgung bestimmten, aber zu anderen Zwecken verwendeten Geldbewilligungen forderte, ist nicht mehr in Kraft; an seine Stelle ist das Gesetz vom 14. Juli 1866 getreten. Durch dieses Gesetz soll die übrigens auf die bescheidensten Verhältnisse beschränkte Schuldentilgung effectiv gemacht werden. *) Das neue Regime hat im Jahre 1867 begonnen. Die Rechnung dieses Finanzjahres wird also die scheinbare

---

*) Die Schuldentilgungs-Casse hat nach diesem Gesetze von Jetzt an ihr specielles Budget von beiläufig 75 Millionen jährlich, aus welchem sie verschiedene Ausgaben bestreitet, namentlich die den Eisenbahn-Gesellschaften in Folge der Zinsengarantie schuldige Subvention; die Ausgabe für Schuldentilgung beträgt nur etwa zwanzig Millionen Francs.

Ausgabe für Schuldentilgung nicht mehr ansetzen können; Alles ist darin wirklich, ernsthaft gemeint. Unsere Studie über „Frankreichs Finanzlage" war an der Schwelle dieses Jahres 1867 angekommen; wir haben uns jetzt mit dem Betrage der Ausgaben, welche das kaiserliche Frankreich in diesem Jahre gemacht, zu beschäftigen.

Die ersten Finanzgesetze (18. Juli 1866) hatten die Ausgaben für 1867 auf folgende Summen veranschlagt: ordentliches Budget 1 Milliarde 523 Millionen 178,181 Frcs.; — Budget aus speciellen Hilfsquellen 245 Millionen 878,988 Frcs.; — Budget der Schuldentilgungs-Casse 75 Millionen 646,000 Frcs.; — ausserordentliches Budget 133 Millionen 104,101 Frcs. — Das Gesetz vom 3. August 1867 fügte noch (wir zählen 13 Millionen Francs Creditaufhebungen mit) 101 Millionen 94,438 Francs Supplementar-Credite hinzu. Ein anderes, an demselben Tage erlassenes Gesetz bewilligte einen ausserordentlichen Credit von 158 Millionen 592,719 Francs. Ein am 9. März 1868 eingebrachter Gesetzentwurf endlich verlangt noch einen Supplementar-Credit, der, in Anbetracht der versprochenen Creditaufhebungen, nur 1 Million 634,481 Francs betragen wird.

Es ergeben sich folgende Summen:
Gesetze vom 18. Juli 1866 . . . 1,977.807,370 Frcs.
Gesetze vom 3. August 1867 . . 259.687,157 „
Gesetzentwurf vom 9. März 1868 1.634,481 „

Die Gesammtausgaben betragen somit nach dem Voranschlage (das „Reglement" kommt erst im nächsten Jahre) zwei Milliarden zweihundert neununddreissig Millionen. Für die scheinbare Dotation des Tilgungsfond ist jetzt nichts mehr abzuziehen; sie existirt nicht mehr. Ich will den „Abzug" des aus speciellen Hilfsquellen zu bestreitenden Budgets von 246 Millionen gelten lassen.

Man möge immerhin, obgleich die Zumuthung keineswegs gerechtfertigt ist (§. VII), auch die verlangten siebenunddreissig Millionen von dem Budget des Jahres 1866 in „Abzug" bringen. Die effective Belastung des allgemeinen Budgets für 1867 vermindert sich also auf 1 Milliarde 956 Millionen. Dazu kommen die elfhundert siebenzig Millionen Departements- und Gemeinde-Ausgaben, so dass sich die öffentlichen Abgaben der französischen Bevölkerung auf 3 Milliarden 122 Millionen belaufen. Nach Abzug der in „Frankreichs Finanzlage" (S. 12) bereits ausgeschiedenen 126 Millionen, die eigentlich keine Abgabe, sondern den Preis einer Waare (Tabak, Schiesspulver) oder der Benützung von Verkehrsanstalten (Post, Telegraph) darstellen, bleibt immer noch als wirkliche Ausgabe die Summe von drei Milliarden Francs.

Wenn wir demnach alle von uns selbst vorgeschlagenen „Abzüge" von den Ausgaben gelten lassen, wenn wir sogar die von Herrn Rouher, Herrn Vitu und Anderen verlangten zugestehen, so beläuft sich die jährliche Ausgabe immer noch auf drei Milliarden, und es ist eine sehr effective Ausgabe, welche die Kosten der verschiedenen Zweige des Staatsdienstes repräsentirt und von dem französischen Volke zu bestreiten ist.

XI.

„Aber es wird nicht Alles durch Abgaben bestritten!" antworten die Schutzredner. Diese Reserve-These wird vorgeschoben, wenn die andere von der angeblichen Fiction der Ausgaben über den Haufen geworfen ist. Und Herr Rouher hält am 9. Mai d. J. seine Rede und Herr Vitu schreibt seine „Réponse au pamphlet de M. Horn" und noch manche andere ministerielle Redner und Schriftsteller lassen sich vernehmen, um zu beweisen, dass der

Staat nicht alle Mittel und Wege aus den Steuern bestreite. Ein Theil derselben werde durch andere Hilfsquellen bestritten und folglich werde der auf jeden einzelnen Steuerpflichtigen fallende Antheil vermindert. Als eine der gewaltthätigsten fiscalischen Massregeln des Abbé Terray durchgeführt wurde und alle Vorstellungen gegen dieselbe erfolglos blieben, verloren einige der Ausgeplünderten die Geduld und klagten: „Man nimmt uns das Geld aus unseren Taschen!" Und der geniale Abbé-Minister Ludwig's XV. antwortete mit der grössten Gelassenheit: „Woher soll ich's denn sonst nehmen?" Das ist folgerichtig gedacht und aufrichtig gesprochen. Die Nachfolger des Abbé Terray möchten sich einreden oder uns überreden, der Staat könne Geld ausgeben, ohne es aus den Taschen der Steuerpflichtigen zu nehmen. Wir wollen uns das Wunder näher anschauen.

Herr Vitu führt in den Rechnungen von 1866 die „anderen" Hilfsquellen auf, welche gemeinschaftlich mit den französischen Steuerpflichtigen die immer grösser werdenden Ausgaben unserer Budgets bestreiten sollen. Diese Nebeneinnahmen im Finanzjahre 1866, die sich annähernd in dem Ausgabe-Budget jedes Jahres wiederfinden sollen, sind folgende:

1. Aus früheren Finanzjahren übertragene Fonds . . . . 36.716,802 Frcs.
2. Ertrag der Forste und Domänen 60.411,247 „
3. Ausserordentliche Einnahmen . . 58.063,731 „
4. Verschiedene Erträge und Einkünfte . . . . 77.272,139 „

Also beiläufig 282½ Millionen, welche die Steuerpflichtigen für die Ausgaben des Finanzjahres 1866 nicht aufgebracht haben sollen. Es ist ein hübsches Sümmchen. Aber leider ist mehr Scheinbares als Wirkliches darin enthalten. Eine oberflächliche Prüfung dieser angeblichen Hilfsquellen wird genügen, um die trügerische Luftspiegelung zu zerstreuen.

Unter den übertragenen Fonds (Nr. 1) sind 12·2 Millionen aus dem Ueberschuss, der sich aus dem allgemeinen Budget des Jahres 1865 ergeben haben soll. Wie verhält es sich mit diesem Ueberschuss? Die Finanzgesetze vom 8. Juni 1864 hatten Ausgaben bis zu dem Betrage von 2 Milliarden 99·3 Millionen bewilligt. Nachträglich wurden „Berichtigungen", welche die Credite um etwa 133 Millionen vermehrt haben, von der Finanzverwaltung verlangt und von der Kammer bewilligt. Und weil sie bis zum Ende des Finanzjahres diese Supplementar-Credite nicht vollständig „verbrauchen" konnte und ein Saldo von 12 Millionen auf das Finanzjahr 1866 übertragen wurde, faselt man von „eigenen" Hilfsquellen dieses Finanzjahres, von Einkünften, die nicht aus den Taschen der Steuerzahler genommen sein sollen? Man konnte ja ebenso gut im Jahre 1865 zwei Milliarden Supplementar-Credite votiren lassen, und als „Ueberschuss" auf das Finanzjahr 1866 übertragen! Die Steuerpflichtigen hätten dann 1866 nichts zu zahlen gehabt; sie hatten ja schon Alles im Voraus geleistet. Ist das wirklich im Ernste gemeint?

Ebenso windig sieht's aus mit dem Geschenk von 77·3 Millionen, das uns der Artikel 4: „verchiedene Erträge und Einkünfte," macht. Dieser Artikel enthält allerdings eine Einnahme, die von den französischen Steuerzahlern nicht unmittelbar herbeigeschafft worden ist: die 16·5 Millionen Steuern aus Algier. Ist dies aber ein Grund, die Totalsumme des Artikels als nicht aus dem Einkommen der französischen Bevölkerung genommen darzustellen? Nein, gewiss nicht. Wer schafft die

Kosten für die Hochschulen herbei? Wer erhält die Gefangenen? Wer bezahlt das Bergwesen, das Eichen von Mass und Gewicht, die Taxe für Erfindungs-Patente, die 7.3 Millionen aus der Armee-Dotationscasse? Die französische Bevölkerung steuert mindestens neunzehn Zwanzigstel dazu bei. Die Veränderung der Aufschrift ändert durchaus nichts an der wirklichen Quelle.

Und die 58 Millionen „ausserordentlicher Einnahmen" (Nr. 3)? Wir haben hier nur zu bemerken, dass in dem ursprünglichen Budget von 1866 fast die Hälfte (25 Millionen) dieser Summe aus der famosen mexicanischen Annuität herrühren sollte; eine nicht viel geringere Summe (21.8 Millionen) wurde durch die von der Regierung beliebte unerwartete Wegnahme aus der Armee-Dotationscasse herbeigeschafft; man fand sie zu gefüllt. Man weiss, was aus den mexicanischen 25 Millionen geworden ist. Eine einsichtsvolle Politik bewahre uns für immer vor solchen „Hilfsquellen"! Derartige „Erleichterungen" würden uns bald zu Grunde richten. In dem berichtigten Budget hat man die sich verflüchtigende mexicanische „Hilfsquelle" durch 9.5 Millionen „Concursfonds für öffentliche Arbeiten" und durch die erste Annuität der algierischen Gesellschaft, die bekanntlich mit einigen Landbewilligungen u. dgl. gekauft wurde, ersetzt. Auch hier haben wir nur zu fragen: wer bezahlt am Ende? Wer schafft die „anderen" Hilfsquellen herbei? Auf diese Frage gibt es nur eine Antwort: die steuerpflichtigen Franzosen.

Es bleiben noch die aus den Domänen und Forsten gezogenen 60½ Millionen (Nr. 2). Es würde mich zu weit führen, wenn ich untersuchen wollte, ob die Domänen und Einkünfte wirklich dem Staate „gehören", und insbesondere, ob sie der Regierungsgewalt und nicht vielmehr dem Staate, als socialer Körper betrachtet, gehören. Man könnte auch constatiren, dass von den aus den Domänen gezogenen 12.⁶ Millionen nahezu zehn Millionen der Ertrag von Verkäufen sind; eine durch Verminderung des Fonds erzielte zufällige Einnahme. Man könnte auch geltend machen, dass man durch übertriebenen Holzverkauf (38.³ Millionen im Jahre 1866), der die „anderen" Hilfsquellen mit herbeigeschafft, nicht nur diese Einnahmequelle erschöpft, sondern auch die aus den Entwaldungen entspringenden grossen und kostspieligen Gefahren beschleunigt und über weite Landstriche verbreitet.

Wir wollen nicht übertreiben. Wir wollen zugeben, dass aus den Domänen und Staatsforsten alljährlich zwei Drittheile der 1866 ihnen abgerungenen Einkünfte, also 40 Millionen ohne Nachtheil herausgeschlagen werden können. Wir wollen zugeben, dass Algier, Japan, China und Cochinchina im Durchschnitt jährlich mehr beisteuern, als im Jahre 1866. Wir wollen annehmen, und es ist hoch gerechnet, dass in den anderen „verschiedenen Erträgen und Einkünften" noch eine gleiche Summe von Einnahmen, die nicht aus den Steuern herrühren, enthalten sei. Wir wollen, wie phantastisch es auch scheinen mag, voraussetzen, dass es im Durchschnittsjahre für 30 Millionen „Uebertrag" aus vorhergegangenen Finanzjahren gebe. Alles zusammengenommen ergibt durchschnittlich hundert Millionen „andere" Hilfsquellen, oder mit anderen Worten: die National-Oekonomie und der Zufall sind so gefällig, zu den Lasten, welche die verschiedenen Zweige des öffentlichen Dienstes den französischen Steuerzahlern aufbürden, hundert Millionen beizutragen.

XII.

Hundert Millionen „andere" Hilfsquellen! Und darauf legt man so grosses Gewicht! Es ist ja weniger als der dreissigste Theil unserer öffentlichen Ausgaben, kaum der zwanzigste des Staatsbudgets. Wenn man aber „andere" Hilfsquellen in Rechnung bringt, muss man auch der „anderen" Lasten gedenken, nämlich derjenigen Lasten, die nicht in einer unmittelbaren Geldausgabe bestehen und folglich in den Finanzrechnungen keinen Platz finden. Ich will nur eine einzige Last dieser Art erwähnen: die Conscription.

In den letzten Finanzdebatten hat man die Kriegsbudgets Englands und Frankreichs oft mit einander verglichen. Man könnte freilich geltend machen, dass Grossbritannien hundertfünfzig Millionen nichtenglischer „Unterthanen" zu bändigen und mehr oder weniger eroberte unermessliche Länder zu vertheidigen hat; man könnte ferner auf den nicht geringen Unterschied im Werthe des Geldes in beiden Ländern hinweisen. Fünfundzwanzig Francs gelten diesseits des Canals La Manche weit mehr als eine Guinee jenseits, obgleich der Werth arithmetisch fast vollkommen gleich ist. Es ist hier nicht der Ort, diese vergleichende Studie fortzusetzen. Wir wollen nur hervorheben, dass unter der Voraussetzung sonst gleicher Verhältnisse ein enormer Unterschied stattfindet: in England drückt die im Budget aufgeführte Ausgabe die Gesammtheit der Lasten aus, die das Defensivsystem dem Lande auflegt, denn sie umfasst auch den Preis des Ankaufs (der Werbung) sämmtlicher Soldaten. Anders ist's in Frankreich, wo die Bevölkerung, ausser den für die Armee geforderten Summen, auch diese Armee selbst durch Conscription herbeizuschaffen hat.

Der Geldbetrag dieser Ueberlastung ist nicht sehr schwer festzustellen. Ich bemerke ausdrücklich, dass ich nicht von dem unberechenbaren Verlust spreche, den das Gemeinwesen dadurch erleidet, dass Jahr für Jahr die kräftigsten, blühendsten jungen Leute ihrem häuslichen Herde, ihren Arbeiten, ihren Studien entrissen werden. Ich beabsichtige nur die unmittelbare Ueberbelastung, die den von der Conscription getroffenen Familien aufgebürdet wird, in Zahlen auszudrücken. Der Preis des Stellvertreters ist vor mehreren Jahren officiell auf 2500 Francs festgesetzt und seitdem in dieser Höhe erhalten worden; es ist das Aequivalent des von jedem Conscribirten zu leistenden Dienstes, den Einige mit Geld, Andere, die minder wohlhabend sind, in Natura leisten. Nach den jährlich zu stellenden hunderttausend Recruten berechnet, beträgt diese neue Belastung, von welcher im Budget keine Spur zu finden ist, jährlich zweihundertfünfzig Millionen Francs.

Wir wollen, um jeden Verdacht einseitiger Parteinahme zuvorzukommen, die Durchschnittszahl (10,000) der nach Artikel 14 des Gesetzes vom Jahre 1832 befreiten Conscribirten auf das Doppelte erhöhen. Es bleiben achtzigtausend dienstpflichtige Recruten. Der Verlust oder die Mehrleistung beträgt somit, in Geld ausgedrückt, jährlich zweihundert Millionen Francs: es ist ebenfalls eine „andere" Belastung, welche den von den französischen Steuerzahlern aufzubringenden drei Milliarden hinzuzufügen ist.

Wenn wir Eines gegen das Andere rechnen, so haben wir 200 Millionen „anderer" Belastungen den vom Budget geforderten drei Milliarden hinzuzurechnen, dagegen die aus „anderen" Hilfsquellen fliessenden 100 Millionen abzuziehen. Wir wollen sogar noch grössere Zugeständnisse machen und fast die Gesammtsumme, nämlich 200 Millionen, der „anderen" Hilfsquellen gelten lassen. Die reine effective Belastung der Steuerpflichtigen beträgt immer noch **drei Milliarden!** In allen Fällen findet man demnach die furchtbare Ziffer von **dreitausend Millionen**, welche einerseits die effectiven Ausgaben, anderseits die den französischen Steuerpflichtigen aufgebürdeten Lasten darstellt. Auf die im Anfange unserer letzten Schrift aufgeworfene Frage: **Was kostet uns das Kaiserreich?** ist unbedingt zu antworten: **zum allermindesten drei Milliarden jährlich!**

XIII.

Wie Viele gibt es unter den Steuerpflichtigen, welche diese schwere Last heben und tragen können? Die Volkszählung von 1861 hatte die französische Bevölkerung in 9.747,029 „Haushaltungen" gruppirt gefunden; für 1866 mögen, nach Verhältniss des Zuwachses der Einwohnerzahl, etwa 9.940,000 Haushaltungen anzusetzen sein. In dieser Anzahl sind jedoch zwölfhunderttausend Haushaltungen, deren jede nur aus einer Person besteht. Eine solche allein lebende Person (ein Arbeiter, Commis, Schreiber) ist unbemittelt; der wohlhabende unverheiratete Mann hat Dienstboten. Zu diesen mehr oder minder dürftigen, vereinsamten Haushaltungen gehören auch die achtbaren Arbeiterinnen; Andere haben freilich einen „Freund" oder eine „Bonne" bei sich. Ferner die armen, allein lebenden Witwer und Witwen; wenn sie reich oder wohlhabend sind, leben sie bei ihren Kindern oder haben letztere bei sich. Ich bleibe bei meiner in „Frankreichs Finanzlage" aufgestellten Berechnung und bin fest überzeugt, dass diese allein lebenden Leute nur wenig „beisteuern", dass in dieser Beziehung zwei „Haushaltungen" kaum einer, durchschnittlich aus vier Personen bestehenden Familie gleichzustellen sind.

Herr Vitu will es nicht einräumen. Er schreit, lamentirt, spottet und witzelt über die „Beseitigung von sechshunderttausend Familien wegen Vereinsamung." Wir wollen sein gutes Herz nicht betrüben; wir wollen die zwölfhunderttausend vereinsamten Haushaltungen als eben so viele Familien gelten lassen. Die öffentlichen Lasten vertheilen sich nun nicht mehr unter 9.327,000 Familien allein; wir haben 9.939,189 theilnehmende Parteien. Wir sind sogar zu einem noch grösseren Zugeständnisse bereit. Um eine runde Zahl zu haben, bewilligen wir Herrn Vitu eine Zugabe von sechzigtausend Familien. Jetzt wird er hoffentlich zufrieden sein.

Es bleibt also dabei: Herr Horn beglückt Frankreich mit zehn Millionen vollständiger Familien, und diese sind sämmtlich durch Herrn Vitu's Grossmuth in den Stand gesetzt, zu den öffentlichen Ausgaben beizusteuern. Wenn wir unter ihnen die vom Budget geforderten dreitausend Millionen effectiver Lasten vertheilen, so kommt auf jede Familie durchschnittlich eine Steuerlast von dreihundert Francs.

Da ist „Frankreichs Finanzlage" wiederum des Irrthums, des systematischen Optimismus überführt worden. Denn es war darin nur von 240 bis 250 Francs die Rede. Ungeachtet aller dieser Zugeständnisse, welche die Anzahl der in's Mitleid gezogenen Parteien vermehrt, **fordern die Budgets wirklich dreihundert Francs jährlich von jeder französischen Familie.**

XIV.

Man wird über die enorme Höhe dieser Besteuerung vielleicht erschrecken. Das können aber nur Leute sein, die am Schlendrian kleben und in dem Wahn befangen sind, dass die Steuer eine Last sei! „Wir haben dies Alles geändert." Was ist in unserem überglücklichem Frankreich nothwendig, um die 300 Frans, welche die Budgets jährlich von jeder Familie fordern, zu bezahlen? Nichts, gar nichts: man braucht nur zu leben, und zwar gut zu leben. Der durch und durch officiöse Herr Vitu behauptet es und der „Moniteur universel" bestätigt es durch den Abdruck der „Antwort auf das Pamphlet des Herrn Horn": Der Steuerzahler braucht nur zu essen, zu trinken, zu rauchen, auf die Jagd zu gehen .... um drei Viertheile des auf ihn fallenden Steuerantheiles zu entrichten!"

Ein wunderbares Recept! Nehmen wir beispielsweise einen Beamten, Commis, Arbeiter oder Handwerker in Paris. Er verdient fünfzehn- bis achtzehnhundert Francs, die zur Ernährung einer ganzen Familie dienen müssen. Der Mann findet es hart, von diesem mageren Einkommen dreihundert Francs dem Fiscus zu geben; die Sache scheint ihm fast unmöglich. Lieber Freund, lass' Dir kein graues Haar wachsen! Du brauchst ja nur eine einfache Wohnung für sechzehnhundert Francs zu nehmen; die Hauszinssteuer von 9 Percent deckt fast die Hälfte der von dir an den Fiscus zu leistenden Zahlung. Sodann lass zwei Fässer Wein kommen, die mit je fünfundvierzig Francs besteuert sind und lass nur für sechzig Francs gewöhnlichen Tabak, an welchem der Staat 400 Percent gewinnt, in Rauch aufgehen — und das Kunststück ist gemacht. Mittelst dieser drei kleinen Artikel, die dir im Ganzen nur 2000 bis 2200 Francs kosten, hast du deine Pflicht als Steuer zahlender Staatsbürger erfüllt. Die unbedingt zu zahlenden dreihundert Francs sind aus deiner

Tasche in die Casse des Fiscus gewandert; der Steuereinnehmer hat nichts mehr von dir zu fordern.

Man müsste recht boshaft und eigensinnig sein, um sich angesichts solcher „Zahlungs-Erleichterungen" noch zu beklagen. Man esse, trinke, rauche, jage soviel als irgend möglich, und drei Viertheile der Steuern sind bezahlt; eine kleine „Extra-Leistung" wird das Uebrige decken.

Eines ist mir klar: Wenn es, ungeachtet des unbeschreiblichen Zaubers dieser Steuerzahlungs-Methode, noch so viele Leute in Frankreich gibt, die sich zu einer Vergötterung des Fiscus durchaus nicht bequemen wollen, so liegt das an den veralteten Ansichten, in denen man noch befangen ist. Man betrachtet den Fiscus noch immer als ein habgieriges Ungethüm, welches den Steuerpflichtigen ihre Ersparnisse entreisst, um Schätze anzuhäufen, und ihre Truhen ausleert, um seine Cassen zu füllen. Nichts steht aber mit den wirklichen Verhältnissen, wie sie heute bestehen, in grellerem Widerspruch. Denn Herr Vitu sagt und die beiden Moniteure, der grosse und der kleine, wiederholen es: „Der Staat behält nichts; Alles, was in seine Cassen kommt, wird sofort wieder ausgegeben!"

Manche haben's schon längst geglaubt oder geahnt. Eben deshalb vielleicht murrt das Land über den zu stark arbeitenden Saugapparat des Fiscus; man mag sich nicht zum Anfüllen der Danaïden-Fässer gebrauchen lassen, zumal wenn man Schweiss und Blut dabei schwitzen muss. Trotz alledem kann sich kein Mensch, der den officiösen Versicherungen glaubt, der Ueberzeugung verschliessen, dass das französische Volk, ohne etwas zu zahlen, sich seiner Steuerpflicht entledigt, und dafs der Staat die Steuern einnimmt, ohne etwas zu behalten. Glückliche Organisation!

XV.

Die Frage ist von der grössten Wichtigkeit und muss in ernste Erwägung gezogen werden. Das Los von vielen tausend Familien steht auf dem Spiel. Unter den zehn Millionen „Haushaltungen," aus denen die französische Bevölkerung besteht, gibt es vielleicht acht Millionen, deren jährliches Einkommen nicht mehr als tausend bis zwölfhundert Francs beträgt, und man fordert durchschnittlich dreihundert Francs an verschiedenen Steuern! Dadurch verurtheilt man die meisten Familien zu den härtesten Entbehrungen, macht man bei einigen ein sorgenfreies Leben unmöglich und stürzt andere in bittere Noth. Man lässt den Leuten nur so viel, wie durchaus nothwendig ist, um das Leben zu fristen! Wie kann man erwarten, dass eine solche Lage der Dinge ohne Einfluss auf den physischen und moralischen Zustand des Landes bleiben könne, dass die ökonomische und sociale Entwickelung des Landes nicht gehemmt und untergraben, die Stimmung der Staatsbürger nicht getrübt werde? Ebenso gut könnte die ewige Verbindung zwischen Ursache und Wirkung durch den Machtspruch eines Decretes aufgehoben werden.

Ich will die in „Frankreichs Finanzlage" aufgestellten Zahlen und die daran geknüpften Bemerkungen, aus denen sich für die grosse Mehrheit der französischen Familien ein jährliches Einkommen *) von tausend Francs

---

*) Unter „Einkommen" verstehe ich Alles, was nach Abzug der eigentlichen Erzeugungskosten übrig bleibt. Die Näherin, welche täglich 25 Sous für ihre Arbeit „verdient," aber 5 Sous für Nadeln, Zwirn etc. ausgibt, hat ein „Einkommen" von 20 Sous; der Industrielle, der für 100,000 Frcs. von seinen Erzeugnissen verkauft, aber 90,000 Frcs. für Rohmaterial, Miethzins, Arbeitslohn etc. bezahlt, hat ein jährliches „Einkommen" von 10,000 Frcs.

ergab, hier nicht wiederholen. Ich bleibe bei der Berechnung, die von Niemandem ernsthaft bestritten worden ist. Sogar Hr. Vitu, der Schönfärber von Beruf, gibt die Richtigkeit derselben für beinahe sechs Millionen fünfhunderttausend Familien zu. Sie ist sicherlich mehr über als unter der Wirklichkeit, wenn man die zwölfhunderttausend einzeln lebenden Personen als Familien gelten lässt (§. XIII); denn unter ihnen sind vielleicht einige Hunderttausende von Arbeiterinnen, die täglich 25 Sous, oder in dreihundert jährlichen Arbeitstagen 375 Francs verdienen, und vielleicht ebenso viele Witwer und Witwen, die von zwei- bis dreihundert Francs jährlicher Rente leben, oder die sich wöchentlich zehn bis zwanzig Francs bei öffentlichen und Privatwohlthätern zusammen betteln.

Ist es möglich, dass bei einem zur Bestreitung so vieler nothwendigen Bedürfnisse dienenden durchschnittlichen Einkommen von tausend Francs eine Steuerauflage von dreihundert Francs nicht für übermässig, erdrückend, zur Verarmung führend und die Hilfsquellen des Staates zerstörend betrachtet wird? Die Auflage muss um so härter erscheinen, wenn man bedenkt, dass in unserem Finanzsystem die indirecte Besteuerung vorherrscht und die Vertheilung der öffentlichen Lasten im umgekehrten Verhältniss progressiv ist, denn der Arme zahlt verhältnissmässig mehr als der Wohlhabende, und der Wohlhabende steuert verhältnissmässig mehr bei, als der Reiche. Die Thatsache ist zu bekannt, als dass eine ausführlichere Besprechung nothwendig wäre.

XVI.

Wir wollen die Vertheilung einstweilen unberücksichtigt lassen; wir nehmen die Besteuerung in Bausch und Bogen und vergleichen sie mit der Gesammteinnahme.

Dies wird eine Art Gegenprobe für unsere obigen Berechnungen und Behauptungen sein. Es fehlen freilich die genauen Daten über das jährliche Einkommen der französischen Nation; allein wir haben als Anhaltspunct mehr oder minder genaue Schätzungen, die jedenfalls über jeden Verdacht einer absichtlichen Verkleinerung erhaben sind.

In einer zu La Villette gehaltenen Rede schätzte Hr. de Forcade La Roquette, Minister des Ackerbaues, des Handels und der öffentlichen Arbeiten, die landwirthschaftliche Production Frankreichs auf fünfzehn Milliarden jährlich. Aus Anlass der unlängst geführten Debatte über den Freihandel berechnete Hr. Rouher, der Staatsminister, unsere industrielle Production, mit Angabe des auf jede grosse Industrie kommenden Antheils, auf die nach seiner Meinung höchste Ziffer von drei Milliarden Francs (12. Mai 1860); Hr. Chevalier glaubte, eine Milliarde für die Künste und Gewerbe hinzufügen zu müssen.

Die Unterbrechungen in der Kammer erklärten diese Ziffern für übertrieben. Wir wollen minder kritisch sein und alle jene Schätzungen gelten lassen. Wir wollen sogar noch eine Milliarde für etwa vergessene Industriezweige und Einnahmequellen hinzufügen. Wir haben somit eine jährliche Gesammtproduction von zwanzig Milliarden. Die Ziffer stimmt mit den zwischen sechzehn und zwanzig Milliarden schwankenden Schätzungen der angesehensten Fachmänner überein. Zu Gunsten dieser Schätzung könnte man anführen, dass unsere specielle Ausfuhr, d. i. wirklich französischer Erzeugnisse, kaum mehr als zwei Milliarden Francs jährlich beträgt; denn durch die Schätzung der Production auf mehr als zwanzig Milliarden würde man erklären, dass wir nicht einmal den zehnten Theil unserer Erzeugnisse ausführen. Dies ist kaum glaublich. Die Erwägung aller Verhältnisse berechtigt daher zu der Annahme, dass man der Wahrheit ziemlich nahe kommt, wenn man die jährliche Production Frankreichs auf zwanzig Milliarden Francs schätzt.

Welchen Ertrag kann nun eine Production von zwanzig Milliarden liefern? Wir glauben sehr vorsichtig zu sein, wenn wir für Rohmaterial, Aussaat, Bauten, Abnützung von Maschinen und Werkzeugen, und für andere nothwendige Ausgaben, welche jede Production bestreiten muss, bevor von einem Netto- oder Bruttoertrage die Rede sein kann, nur ein Viertel abrechnen.

Eine jährliche Production von 20 Milliarden gibt demnach einen Ertrag von höchstens 15 Milliarden: Interessen, Löhne, Besoldungen, Gewinn. Wenn nun fünfzehn Milliarden jährlicher Einnahme unter zehn Millionen Familien vertheilt werden, wie viel kommt dann auf jede Familie? Genau 1500 Frs., wenn die Theilung gleich wäre. Es gibt aber Hunderttausende von Familien, die das Zehnfache, das Hundertfache dieses Einkommens und noch mehr beziehen, so dass der Antheil der übrigen weitaus überwiegenden Mehrheit der Familien nur zwei Drittel, höchstens drei Viertel des allgemeinen Durchschnitts betragen kann, also tausend bis zwölfhundert Francs. Wenn man andererseits drei Milliarden für die verschiedenen Zweige des öffentlichen Dienstes von den fünfzehn Milliarden jährlichen Einkommens abrechnet, so nimmt die Steuer offenbar zwanzig Procent von unseren gesammten Hilfsquellen. Da nun die Besteuerung in Frankreich im umgekehrten Verhältniss progressiv ist, so muss der allgemeine Durchschnitt in folgende Bestandtheile aufgelöst werden: der Reiche bleibt weit unter diesem Verhältniss; der Wohlhabende entfernt sich wenig davon; die unbemittelten Massen werden viel höher besteuert. Angenommen, die erste Classe werde unter allen Formen und Vorwänden mit 15 Francs für je hundert Francs des jährlichen Einkommens, die zweite mit 20%, die dritte mit 25% besteuert, so bleiben wir wahrscheinlich in Betreff dieser letzten Classe weit unter der traurigen Wirklichkeit.

Man mag daher berechnen, wie man will, immer kommt man zu dem Resultat: die Steuer nimmt viel von den Reichen, zu viel von den Wohlhabenden; sie ist erdrückend für die unbemittelten Massen; sie nimmt diesen mindestens den vierten Theil eines Einkommens, dessen vollständiger, ungeschmälerter Betrag kaum zum ordentlichen Lebensunterhalt hinreichen würde.

XVII.

Wenn nur die ungeheuren Summen, welche von dem Einkommen Aller und jedes Einzelnen, und zwar grösstentheils von dem Ertrage der Volksarbeit genommen werden, wenigstens eine nützliche, der freien Entwicklung förderliche Anwendung fänden! Es ist bekannt, wie es sich damit verhält; wir selbst haben es in „Frankreichs Finanzlage" ausführlich erörtert. Wir werden heute nicht lange dabei verweilen und nur auf die beträchtlichste und in jeder Beziehung am wenigsten productive, am wenigsten demokratische Ausgabe, nämlich für das Landheer und die Marine, einen Blick werfen.

In „Frankreichs Finanzlage" haben wir nachgewiesen, dass in den ersten fünfzehn Jahren des Kaiserreichs (1852 bis 1866) die Ministerien des Krieges und der Marine beziehungsweise 7 Milliarden 204 Millionen und 2 Milliarden 880 Millionen, zusammen also 10 Milliarden und 84 Millionen absorbirt haben. Dies gibt einen jährlichen Durchschnitt von 670 Millionen. Bestreitet man diese Ziffern? Es ist unmöglich, und man versucht es auch nicht. Sie haben jedoch aufgehört, richtig zu sein; sie gehören der Vergangenheit an. Heutzutage macht man's besser; wir sind im beständigen Fortschritte. Für das Jahr 1867 und für das laufende Finanzjahr nehmen die beiden in Rede stehenden Ministerien folgende Summen in Anspruch:

	1867	1868
Ordentliche Ausgaben	506.276,279 Fr.	520.884,720 Fr.
Ausserordentl. Ausgaben	38.197,201 „	51.897,201 „
Supplementar-Ausgaben	160.227,200 „	141.270,982 „

zusammen also beinahe 1 Milliarde 415 Millionen für die beiden Jahre, oder im Jahresdurchschnitt 707.5 Millionen Francs.

Ist das Alles? Leider, nein! Um Alles genau und ruhig anzugeben, müsste man beinahe sämmtliche Lasten, die uns die öffentliche Schuld aufbürdet, auf die Rechnung dieser beiden Ministerien setzen; haben doch alle — oder fast alle — unsere Anleihen ihre Ursache und ihren Ursprung in den Anforderungen des Landheeres und der Marine. Wenn wir ihnen nur drei Viertel der effectiven Ausgabe aufrechnen, welche gegenwärtig für die Interessen, die Verwaltung und Tilgung der Staatsschuld gemacht werden muss, so sind jährlich 300 Millionen Francs zu den 707 Millionen directer Belastungen hinzuzurechnen. Endlich sind auch die 200 Millionen Francs indirecter Belastungen, welche Landheer und Kriegsmarine der Bevölkerung jährlich aufbürden, in Rechnung zu bringen (§. XII). Es ergibt sich somit eine Gesammtsumme von beiläufig zwölfhundert Millionen Francs.

Eine Milliarde und zweihundert Millionen! Das sind zwei Fünftel unseres ganzen Jahresbudgets; es ist mehr als die Hälfte des allgemeinen Budgets oder des eigentlichen Staatsbudgets. Es ist die Subsistenz von zwölfhunderttausend Familien, oder von beinahe fünf Millionen französischer Staatsbürger. Es ist für jede französische „Haushaltung" eine jährliche Belastung von hundertzwanzig Francs! Wer möchte behaupten, dass es nicht viel zu viel sei? Die Officiösen kommen dabei gar nicht aus der Fassung. „Was liegt an dem Betrage der Ausgabe!" antwortet uns Herr Vitu und wiederholen nach ihm der grosse „Moniteur" und der kleine: „Was liegt daran! Glaubt ihr etwa, die Minister des Krieges und der Marine steckten die siebenhundert Millionen, die sie jährlich aus euren Taschen holen, in den untersten Schiffsraum oder in die Mündungen der Kanonen? Oder meint ihr, dass die Soldaten und Seeleute, die von euch beigesteuerten 124 Millionen Francs roh verzehren? Keineswegs. Diese Millionen werden verwendet, den Sold, die Nahrung, Kleidung und Verpflegung von fünfhunderttausend Mann zu bezahlen, Materialien, Eisen, Holz, Tauwerk, Pferde zu kaufen! Worüber beklagst du dich denn, Jacques Bonhomme? Auf den Knieen solltest du danken für diese sinnreiche Schöpfung des Kriegs- und Marinebudgets: es ist eine Befruchtungs-Maschine, die in allen Zweigen der Nationalthätigkeit einen Theil der von der Masse der Steuerzahler erhobenen Capitalien vertheilt und verbreitet!"

Die „Befruchtungs-Maschine" ist sicherlich einer der drolligsten Schwänke, die bisher in der Vertheidigung des gepanzerten Friedens verübt worden sind. Aber wenn Frankreich „Geld genug hat, um seinen Ruhm zu bezahlen," ist es auch reich genug, um jährlich siebenhundert Millionen Francs selbst für die wundervollste

„Maschinerie" zu bezahlen? Ich glaube kaum. Ich glaube hingegen, dass es selbst dem officiösesten Schriftsteller keineswegs erlaubt ist, sowohl die französischen Steuerzahler als auch den gesunden Menschenverstand in so unverschämter Weise zu verhöhnen.

Eine einzige Bemerkung dürfte genügen, um die Absurdität dieses abgedroschenen Trugschlusses deutlich zu kennzeichnen. Wenn wir annehmen, dass hunderttausend Familien, die an den Lieferungen und Bestellungen der Ministerien des Krieges und der Marine betheiligt sind, von den Segnungen der „Befruchtungs-Maschine" etwas erhaschen: wo bleibt der Ersatz für die übrigen neun Millionen und neunhunderttausend Familien, die eben soviel wie die anderen, und zwar sehr viel beigesteuert haben? Die ungeschminkte Wahrheit ist, dass sogar hinsichtlich dieses hundertsten Theiles der Steuerzahler, dem die Minister des Krieges und der Marine Arbeit geben, der Vortheil und der Ersatz nur scheinbar sind.

Als Schneider, Schuster, Hutmacher oder Waffenschmied habe ich in dreissig Arbeitstagen die hundert Francs verdient, die ich zu den Ausgaben für das Landheer und die Marine jährlich „beisteuern" muss. Wenn man mir diese Summe durch eine Bestellung wiederum zu verdienen gibt, so arbeite ich natürlich zweimal für einen einzigen Gewinn! Hätte man mir die hundert Francs nicht genommen, so würde ich nicht nöthig gehabt haben, diese zweite Arbeit zu machen; hätte ich sie gemacht, so würde ich die hundert Francs behalten und nach meinem Belieben verwenden. Unter den bestehenden Verhältnissen können sie höchstens als Ersatz für den mir entzogenen Monatsverdienst betrachtet werden.

So „repartirt" also die „Befruchtungs-Maschine"; sie nimmt zuerst allen Familien den Ertrag einer Monatsarbeit und gibt denselben Einigen unter der Bedingung zurück, dass sie noch einen Monat dazu arbeiten. Ich würde meine Leser beleidigen, wenn ich's für nothwendig hielte, solche Albernheiten einer Erörterung oder Widerlegung zu würdigen.

XVIII.

Nach der jetzigen Ziffer berechnet würde sich die Ausgabe für Kriegszwecke (Landheer und Marine) in den ersten fünfzehn Jahren des Kaiserreichs (1852 bis 1866) auf achtzehn Milliarden Francs belaufen; sie ist aber geringer gewesen — wir huldigen ja dem Fortschritt. Man kann sie jedoch ohne Bedenken, directe und indirecte inbegriffen, auf fünfzehn Milliarden berechnen! Diese Summe würde vollkommen genügt haben, unsere achtunddreissig tausend Gemeinden mit vortrefflichen Schulen, Volksbibliotheken, öffentlichen Bädern auszustatten; das dritte und vierte Eisenbahnnetz zu vollenden; die so dringend nothwendigen Vicinalstrassen zu bauen und unsere Canäle zu beenden; unseren Post- und Telegraphen-Dienst zu entwickeln; die überseeischen Verbindungen zu vermehren; kurz, uns alle Vorbedingungen und Garantieen einer raschen, gesunden Entwickelung, sowohl in moralischer und intellectueller Hinsicht, als auch in ökonomischer und socialer Beziehung zu geben. Wozu haben sie in ihrer wirklichen Verwendung gedient, diese fünfzehn Milliarden, die in fünfzehn Jahren dem Erwerbe, den Ersparnissen des französischen Volkes entzogen worden sind?

Nicht einmal zur Erreichung des Zweckes, der als Grund oder Vorwand dieser ungeheuren Ausgaben diente:

zur Entwickelung unserer „Macht", in der veralteten Bedeutung des Wortes. Die Niederwerfung Polens, dessen wärmste Freunde wir waren; die Zerstückelung Dänemarks, das wir immer in Schutz genommen; das tragische Ende der mexicanischen Expedition; der Boden, der selbst in Algier unter unseren Füssen zittert; die Ereignisse von 1866, die Herrn Rouher so viele „patriotische Herzensbeklemmungen" verursacht haben — Alles beweist, dass unser ungeheurer Militär-Aufwand keineswegs „productiv" an Macht und Einfluss für Frankreich gewesen sind. Haben doch in der grossen, hochwichtigen Debatte, welche der Annahme des Militär-Gesetzes vom 1. Februar 1868 im Gesetzgebenden Körper vorausging, die Regierungs-Commissäre, die Redner der Majorität selbst erklärt, dass Frankreich trotz Allem, was seit fünfzehn Jahren gethan und ausgegeben worden ist, weniger als je in Sicherheit sei, und sich nicht einmal stark genug für die Defensive fühle! Und die Majorität schien durch die Votirung der neuen Militär-Organisation diesen Ausspruch zu bekräftigen. Er enthält gleichwohl das entschiedenste Verdammungs-Urtheil, das über die militärische Verschwendung der ersten fünfzehn Jahre des Kaiserreichs gesprochen werden konnte.

Man wird uns erlauben, hier abzubrechen. Der Gegenstand ist sehr misslich und zugleich schmerzlich. Noch weit tiefer würde er betrüben, wenn die Männer des Fortschritts nicht die innige Ueberzeugung hätten, dass die wahre Grösse und Macht eines Staates heutzutage nicht in seinen Bataillonen liegt. Frankreich wird, Dank der unleugbaren Tapferkeit seiner Söhne in ihrem glühenden Patriotismus, immer stark genug sein, um seinen Boden und sein Recht zu vertheidigen, wenn irgend Jemand in der Welt so tollkühn sein sollte, beide anzugreifen; die wahren, für den Augenblick freilich verdunkelten Elemente seines Einflusses liegen in der Ausstrahlung seines liberalen Geistes und seiner demokratischen Institutionen.

XIX.

Die Schutzredner ziehen sich hinter ihre letzte Verschanzung: die indirecten Compensationen, zurück. Und im Gesetzgebenden Körper, im Senat, in Journalen und Broschüren rollen sie die Liste der Fortschritte auf, welche Frankreich auf dem Gebiete der materiellen Interessen gemacht haben soll. Lange Reihen von Zahlen sollen Zeugniss geben von der Entwicklung der Landwirthschaft, der Industrie, des Handels, kurz alles Dessen, was dem Gedeihen des Landes förderlich ist. Wir wollen uns die Sache näher ansehen; wir werden wieder eine rasch zerrinnende Luftspielung finden.

Vor Allem fragen wir: was haben diese ökonomischen Fortschritte mit den gerügten militärischen Vergeudungen zu thun? Jene sind doch sicherlich nicht die Wirkung dieser, folglich können sie denselben nicht als Entschuldigung dienen; der gepanzerte Friede konnte und kann den Aufschwung der productiven Künste und Gewerbe nicht hemmen.

Ist aber dieser Aufschwung selbst so gross und so über jeden Zweifel erhaben, wie die officiellen und officiösen Regierungs-Organe sagen? Die eifrigsten Schönfärber müssen gar Vieles zurücknehmen seit der wichtigen und heftigen Debatte, welche die Sitzungen des Gesetzgebenden Körpers vom 11. bis 20. Mai d. J. ausgefüllt hat. Die „ergebensten" Deputirten, die über jeden Verdacht einer systematischen Feindseligkeit und hartnäckigen Schwarzseherei erhaben sind, haben die so gepriesenen verschiedenen Elemente des „Gedeihens" der Reihe nach geprüft. Sie haben durch Zahlen nachgewiesen, dass einem mehr oder minder soliden Aufschwung von einigen Jahren ein allgemeiner Zustand der Erschlaffung und Erschöpfung gefolgt ist, an welchem Alle in verschiedenen Graden leiden. Sie haben gezeigt, wie die Landwirthschaft, ungeachtet der hohen Getreidepreise, dahinsiecht, weil ihr die localen Verbindungswege fehlen, weil sie durch Steuern erdrückt wird, weil ihr die Capitalien entzogen werden. Sie haben gezeigt, wie die Forstcultur im Verfall ist, weil die Canäle unvollendet sind und übermässig hohe Zölle das Holz von seinen natürlichen Absatzplätzen fern halten. Sie haben gezeigt, wie ein grosser Theil der Hüttenwerke und Spinnereien geschlossen ist, oder bald die Anzahl der Arbeiter vermindert, bald die Arbeitszeit abgekürzt wird, weil der Absatz im Inlande wie im Auslande abnimmt.

Diese Bedrängnisse sind weder von Herrn Rouher noch von Herrn de Forcade in Abrede gestellt worden. Wie könnte man sie auch ableugnen, angesichts des immer geringer werdenden Ertrags der Steuern; angesichts der Zolltabellen, welche diese beständige Abnahme der Ausfuhr ausweisen; angesichts der Bilanzen der Bank von Frankreich, deren Portefeuille von trauriger Geringfügigkeit ist; angesichts der Handels Statistik, die eine fortwährende Vermehrung der Bankerotte aufweist; angesichts der Notirungen der Pariser Börse, wo die Entwerthung der Valuten nach Milliarden zählt? Die Redner der Regierung konnten höchstens einen Versuch machen, die Verträge von 1860 oder das Regime des Freihandels zu rechtfertigen. Sie hatten Recht. Der Freihandel hat die Bedrängnisse Frankreichs nicht verursacht. Die wahre Ursache liegt vielmehr darin, dass das neue Regime seine natürlichen Wirkungen nicht äussern konnte, weil die Vorbedingungen des Gelingens fehlten und die Verhältnisse so ungünstig waren, als ob sie eigens berechnet gewesen wären, um Hindernisse in den Weg zu legen.

Der Freihandel ist nicht unter allen Umständen ein schätzbares Gut. Er wirkt in sofern günstig, als er das gegenseitige Vertrauen, die aufrichtige Uebereinstimmung, die ernstlich gemeinte Eintracht unter den Völkern voraussetzt und fördert, um auf der Bahn der friedlichen Entwickelung vorzuschreiten. Der Freihandel setzt ferner voraus und fordert unbedingt die innere Sicherheit, die dem Unternehmungsgeiste und der productiven Thätigkeit erlaubt, sich seiner Aufgabe mit Muth und Beharrlichkeit zu widmen. Die Luft, in welcher sich unser neuestes Handels-Regime bewegt, ist wie absichtlich mit ganz entgegengesetzten Elementen gesättigt; wie könnte der Freihandel in demselben leben und gedeihen?

Ja, die Schutzredner der Regierung haben vollkommen Recht, alle Schuld von dem Freihandel abzuwälzen. Aber enthält diese Schutzrede, genau betrachtet, nicht eine schwere Anklage gegen die ganze Politik dieser Regierung? Die unbefangene öffentliche Meinung möge antworten! Wir kennen schon im Voraus ihren Ausspruch.

XX.

Wir leugnen keineswegs die beträchtlichen Fortschritte, die seit fünfzehn bis zwanzig Jahren in Frankreich auf dem Gebiete der materiellen Interessen gemacht worden sind. Aber ich stelle in Abrede, dass diese Fortschritte nur in Frankreich stattgefunden; ich stelle noch entschiedener in Abrede, dass man sie der persönlichen Regierung, deren Verdienste so laut gepriesen werden, zu danken habe.

Eine einzige Thatsache — wir können hier keine lange statistische Tabellen aufführen — wird dies klar machen. Man betrachtet mit vollem Recht, und die Officiösen selbst bezeichnen den Zustand der Verkehrswege als eines der sichersten Anzeichen der gesunden ökonomischen Entwickelung. Wie weit haben wir's im Vergleich mit den übrigen europäischen Staaten gebracht? Haben wir dieselben in dem Grade übertroffen, dass wir genöthigt oder auch nur berechtigt wären, die Ursache in unserem ganz „eigenthümlichen" Regime zu suchen, und das Verdienst der Politik und den Ministern des Kaiserreichs zuzuschreiben?

Betrachten wir zuerst das grossartigste Verkehrsmittel, über welches die Neuzeit verfügt, die Eisenbahn. Auf hundert Quadrat-Kilometern Flächenraum besitzt und betreibt Belgien 8713 Kilometer Eisenbahnen; England 7831; Holland 3198, die Schweiz 3179; Frankreich 2749. Wir stehen also erst in der **fünften** Reihe; wir weichen sogar auf den neunten Platz zurück, wenn man die Entwickelung des Eisenbahnwesens nach dem Verhältniss zwischen der Länge der Bahnen und der Einwohnerzahl berechnet. Können wir etwa auf unseren Seehandel stolz sein? Nach den Ausweisen über die Handelsflotten kommen auf jede Million Einwohner: 456,750 Tonnen in Norwegen; 195,735 in England; 175,669 Tonnen in den Niederlanden; Frankreich nimmt erst den dreizehnten Rang ein. Wie steht es ferner mit der Briefpost? Im jährlichen Durchschnitt kommen 24.01 Briefe auf jeden Einwohner in England; 15.60 Briefe in der Schweiz; 13.16 Briefe in den vereinigten Staaten; 8.86 Briefe in Frankreich; wir nehmen somit den vierten Rang ein. Was endlich die Entwickelung des Telegraphenwesens betrifft, so hat Belgien 11,865 Kilometer Telegraphendrähte im Betriebe; die Schweiz 8738; Grossbritannien 8245; Holland 6005; Frankreich 5471 Kilometer; wir stehen hier somit in der fünften Reihe *).

Haben wir Ursache, stolz darauf zu sein? Ich glaube nicht. Diese vergleichenden Zahlen beweisen zuvörderst, dass das Kaiserreich selbst hinsichtlich des materiellen Fortschrittes weit entfernt ist, uns „an die Spitze der Civilisation" zu stellen. Das Mittel, dahin zu gelangen, liegt sicherlich nicht in der Aufrechthaltung einer Politik, welche Jahr für Jahr die besten Kräfte der Arbeit entzieht, welche durch übermässige Steuern und unproductive Ausgaben die Hilfsquellen des Landes erschöpft und so wenig geeignet ist, die öffentliche Meinung zu beruhigen und Vertrauen in die nächste Zukunft zu erwecken. Diese vergleichenden Zahlen beweisen aber auch, dass der Vorschritt allgemein, unwiderstehlich ist. Dank der politischen, wirthschaftlichen und socialen Freiheit, deren Saat unsere grosse Revolution in ganz Europa ausgestreut hat; Dank dem gewaltigen Aufschwunge, den sie den positiven Wissenschaften und der Mechanik gegeben, erfreut sich Europa seit einem halben Jahrhundert einer fortwährenden und allgemeinen Entwickelung in der Production, im Verbrauch und im Austausch der Werthe, in der Verbreitung der Mittel und Werkzeuge, welche diese Bewegung fördern. Der Geist der Neuzeit ist eine gewaltige Bewegkraft, welche das rollende Rad vorwärts treibt. Wenn die Officiösen sagen, dass man es nicht aufhalten, dass man es sogar weiter

---

*) Diese Daten sind einer unlängst erschienenen Schrift des Hrn. Neumann entlehnt. Diese vortreffliche Schrift bildet eine Art Einleitung zu den Berichten der österreichischen Commission über die Ausstellung von 1867.

schieben wollte, so sagen sie die Wahrheit. Aber wenn man alles Verdienst der schon gemachten Fortschritte für sich in Anspruch nehmen will, so erinnert man an Lafontaine's dünkelhafte Grossprecherin:

> Sobald der Wagen sich bewegt
> Und sie die Leute gehen sieht,
> Sagt sie: Das kann nicht ohne mich geschehen.

XXI.

Sie hat wenigstens keinen Hemmschuh angelegt.

Hier hemmt man sogar diese materiellen Fortschritte, die nach der Meinung der Regierung die Rechtfertigung und der Ruhm des Kaiserreichs sein und Frankreich für die ihm nach dem Jahre 1851 aufgebürdeten grösseren Lasten und Entbehrungen entschädigen sollten. Der Ersatz — wenn wirklich davon die Rede sein konnte — verschwindet immer mehr.

Durch die fortwährende antiliberale und antidemokratische Tendenz des gepanzerten Friedens, durch den Luxus der mehr oder minder entfernten Expeditionen, durch die tolle Uebertreibung der für das Gemeinwohl ganz unnützen Arbeiten in Paris, in den Departements, in den Gemeinden, hat man die öffentlichen Abgaben, welche den französischen Steuerpflichtigen unter verschiedenen Formen und Namen jährlich aufgebürdet werden, auf die schwindelnde Höhe von **dreitausend Millionen Francs** getrieben. Diese ungeheure Abgabe ist von einem Gesammteinkommen, das sich auf höchstens fünfzehn Milliarden beläuft, zu entrichten. Der ganzen Nation wird somit der fünfte Theil ihrer Hilfsquellen zur Bestreitung der Staatsausgaben genommen. Da wir mit der umgekehrten Progressiv-Steuer beglückt sind, so haben die unbemittelten Classen, einzeln genommen, den vierten Theil und mehr von ihrem Einkommen beizusteuern. Gleichwohl fordert das unter diesem Steuerdruck seufzende Land vergebens die Freiheit im Innern, die seiner productiven Thätigkeit einen neuen Impuls geben könnte; es fordert vergebens jene wirklichen Garantien eines dauernden Friedens, der wenigstens den internationalen Verkehr fördern würde. Wie kann man sich noch wundern über die Drangsale, welche die physische und moralische Gesundheit des Gesellschaftskörpers untergraben? Wie kann man die dringendste Nothwendigkeit einer allgemeinen, durchgreifenden Reform unseres politischen Verwaltungs- und Finanzsystems in Abrede stellen? —

In **A. Hartleben's Verlag** erschien:

Frankreichs Finanzlage.

Von

J. E. Horn.

Deutsche Original-Ausgabe.

2. Auflage.

1868. 4 Bogen eleg. geh. 9 Sgr. = 50 kr. ö. W.

In jeder Buchhandlung vorräthig.